Als Anregung

für Deine Mappe

Opa

# Tomi Ungerer
# *Warteraum*

*Wiedersehen mit dem*
*Zauberberg*

Diogenes

Nachwort aus dem Amerikanischen
von Christa Hotz

*Burton Pike gewidmet*

*Der Autor dankt
dem ›Stern‹ für die
Unterstützung seiner Arbeit
an diesem Buch*

*Originalausgabe*

Layout Klaus Schröder

# Zwischen 2 & 4 Uhr
## bitte läuten

»Was ist die Zeit? Ein Geheimnis, – wesenlos und
allmächtig. Eine Bedingung der Erscheinungswelt, eine
Bewegung, verkoppelt und vermengt dem Dasein der Körper
im Raum und ihrer Bewegung. Wäre aber keine Zeit, wenn
keine Bewegung wäre? Keine Bewegung, wenn keine Zeit?
Frage nur! Ist die Zeit eine Funktion des Raumes?
Oder umgekehrt? Oder sind beide identisch? Nur zu gefragt!
Die Zeit ist tätig, sie hat verbale Beschaffenheit, sie ›zeitigt‹.
Was zeitigt sie denn? Veränderung! Jetzt ist nicht Damals,
Hier nicht Dort, denn zwischen beiden liegt Bewegung.
Da aber die Bewegung, an der man die Zeit mißt, kreisläufig
ist, in sich selber beschlossen, so ist das eine Bewegung und
Veränderung, die man fast ebensogut als Ruhe und Stillstand
bezeichnen könnte; denn das Damals wiederholt sich beständig
im Jetzt, das Dort im Hier. Da ferner eine endliche
Zeit und ein begrenzter Raum auch mit der verzweifeltsten
Anstrengung nicht vorgestellt werden können, so hat man
sich entschlossen, Zeit und Raum als ewig und unendlich
zu ›denken‹, – in der Meinung offenbar, dies gelinge, wenn
nicht recht gut, so doch etwas besser. Bedeutet aber nicht die
Statuierung des Ewigen und Unendlichen die
logisch-rechnerische Vernichtung alles Begrenzten und
Endlichen, seine verhältnismäßige Reduzierung auf Null?
Ist im Ewigen ein Nacheinander möglich, im Unendlichen
ein Nebeneinander? Wie vertragen sich mit den Notannahmen
des Ewigen und Unendlichen Begriffe wie Entfernung,
Bewegung, Veränderung, auch nur das Vorhandensein begrenzter
Körper im All? Das frage du nur immerhin!«

Thomas Mann · Der Zauberberg

Tomi Ungerer · Warteraum

243 SB

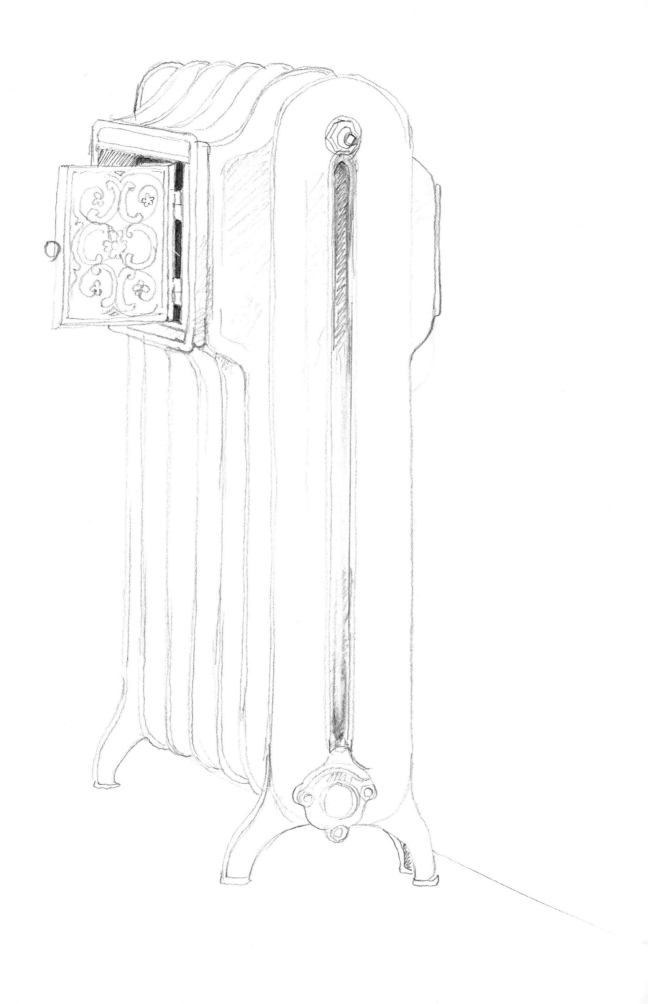

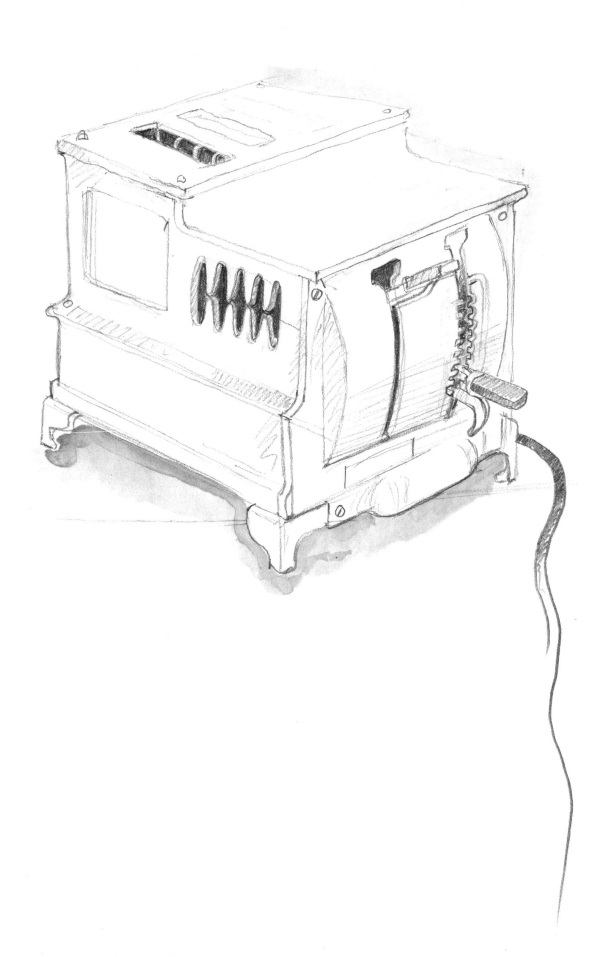

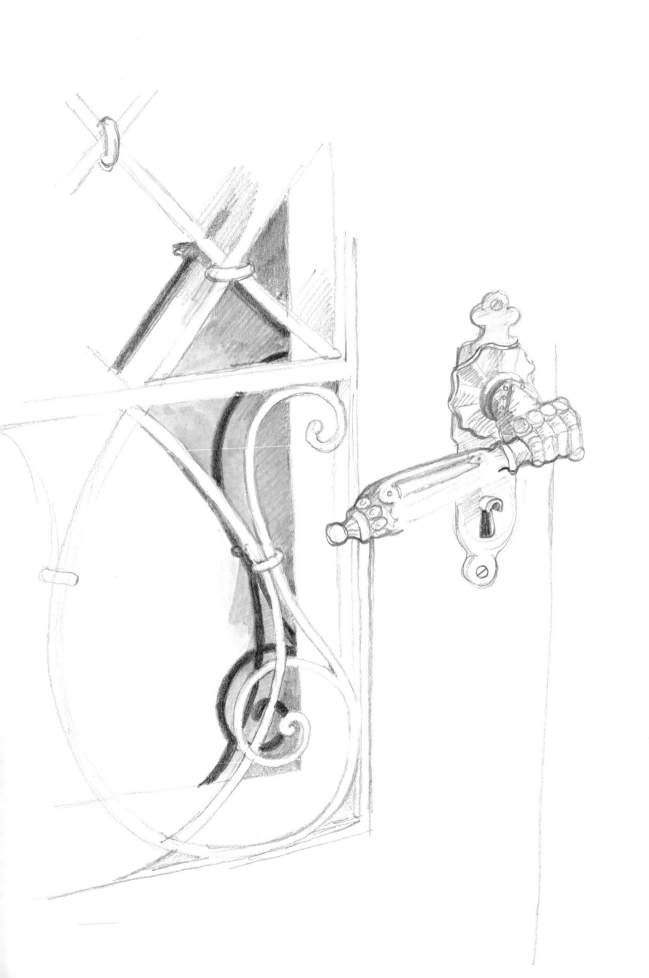

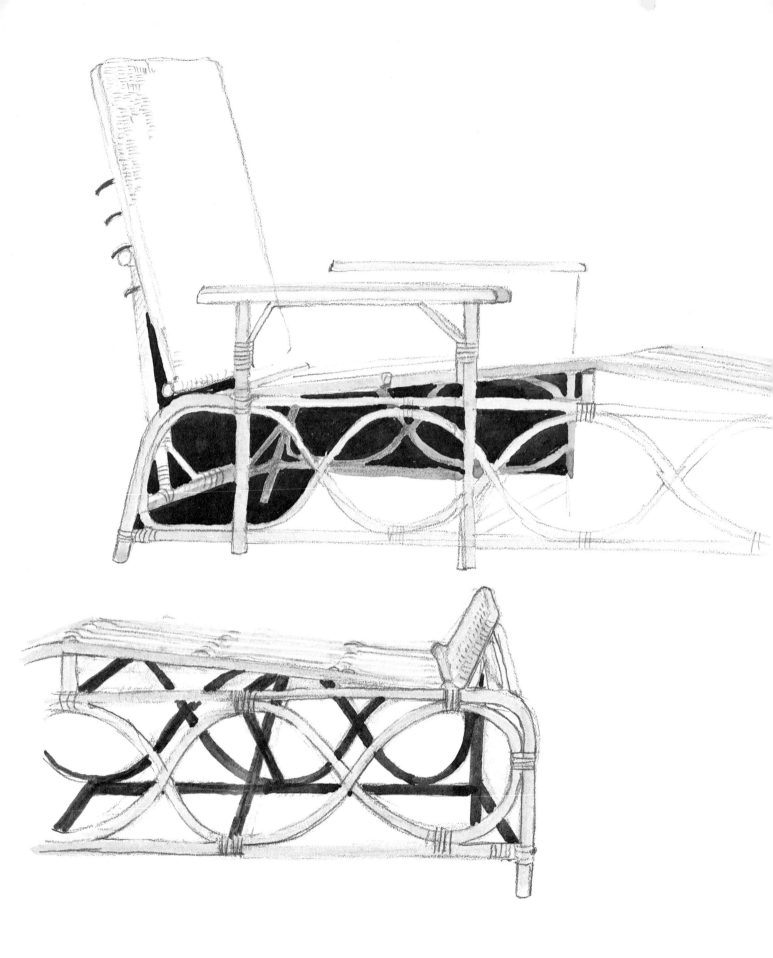

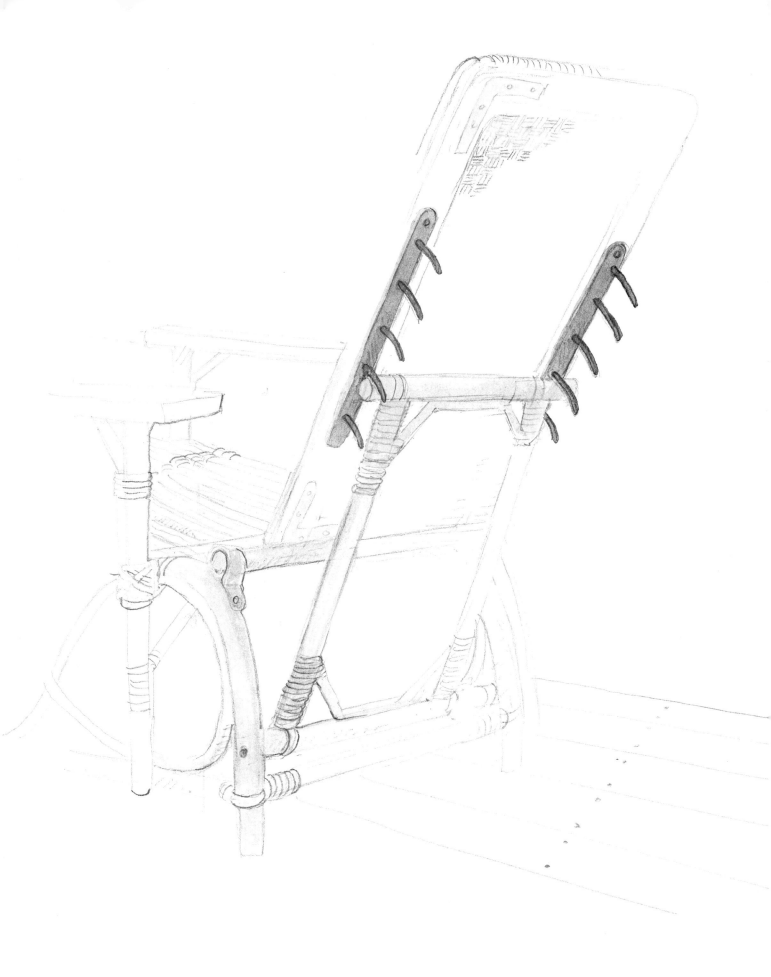

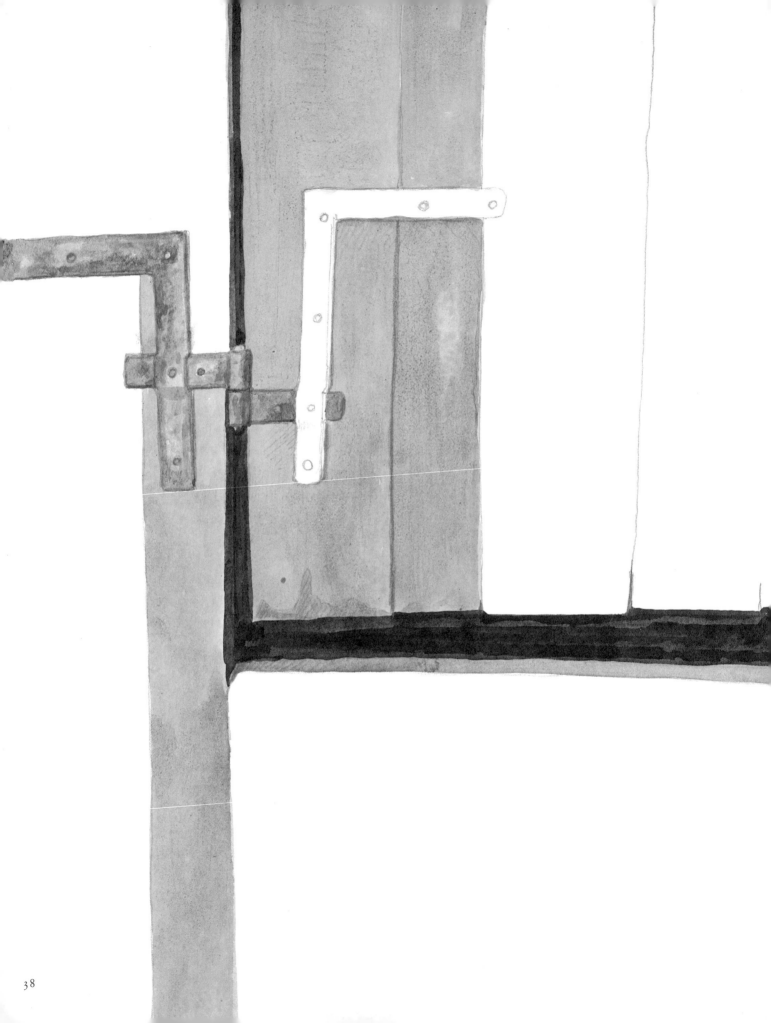

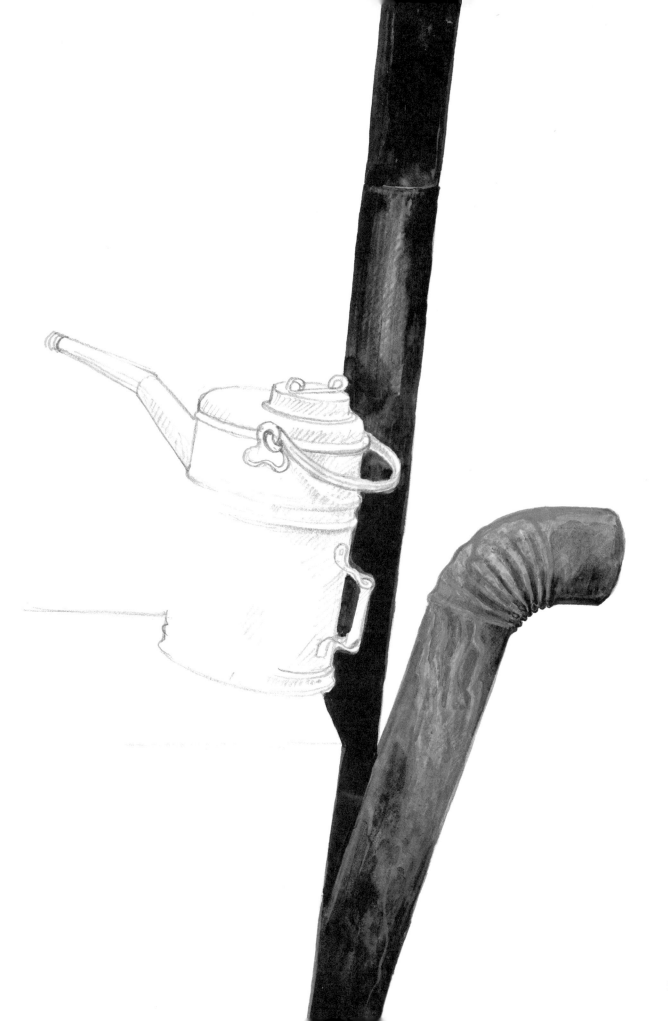

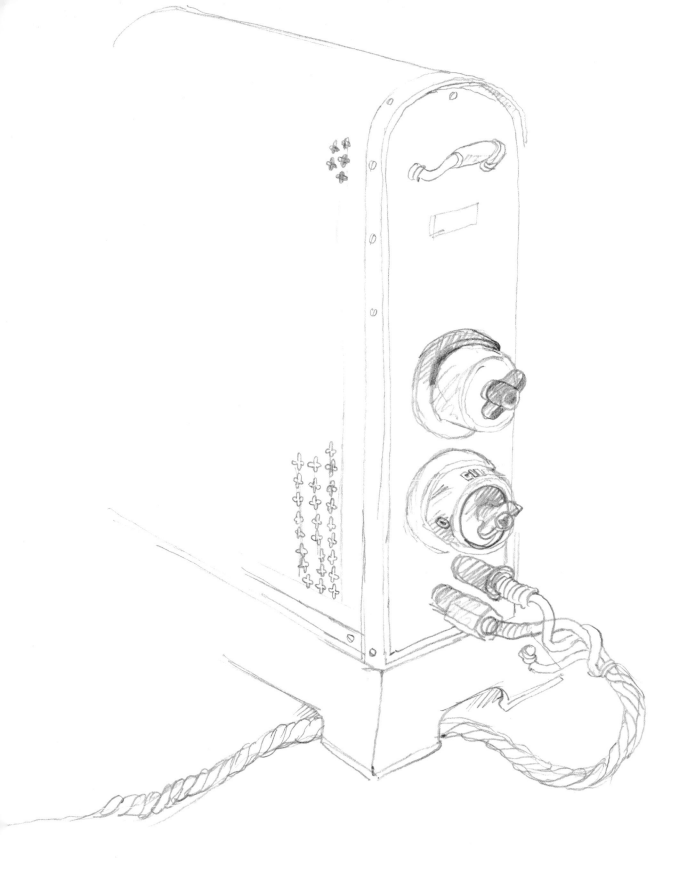

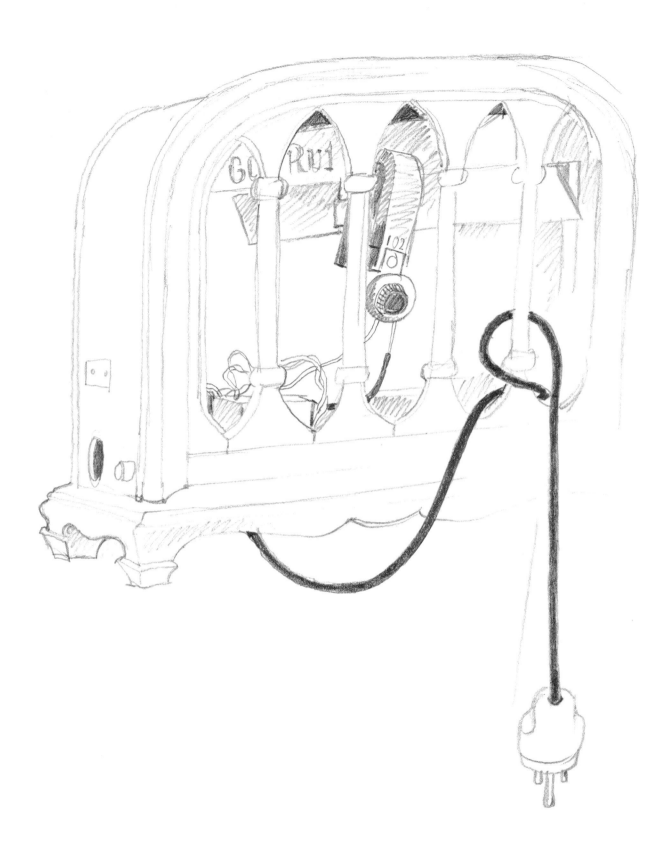

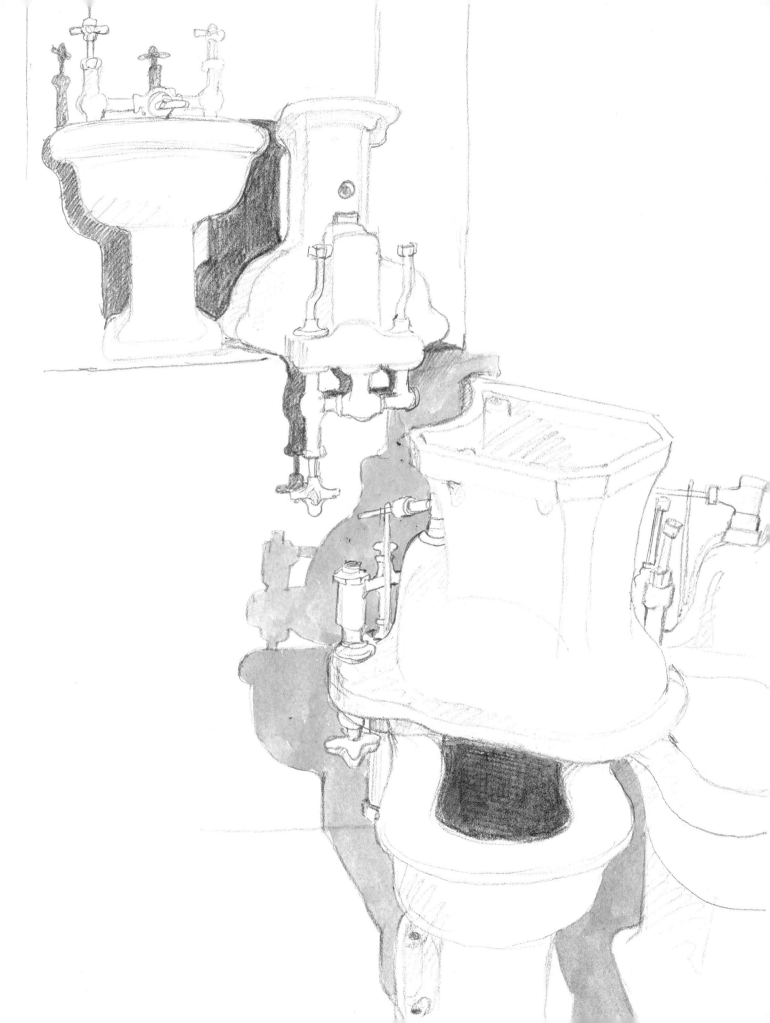

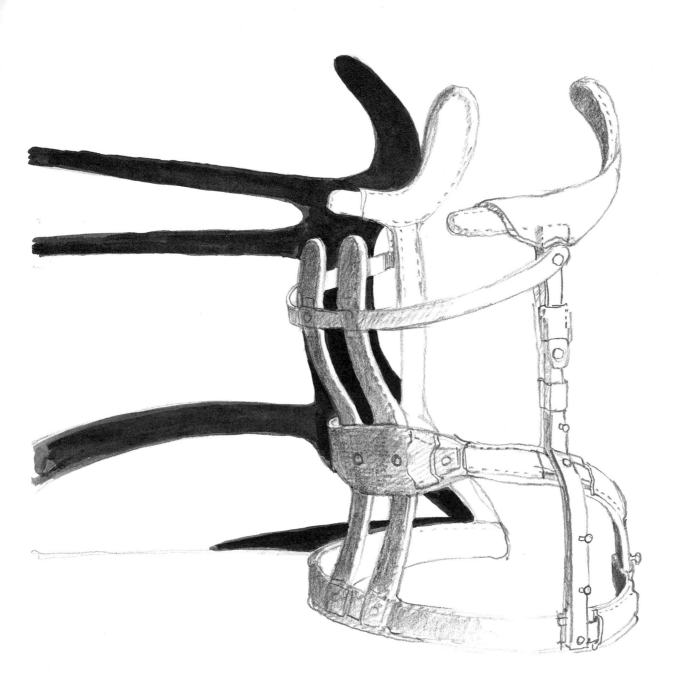

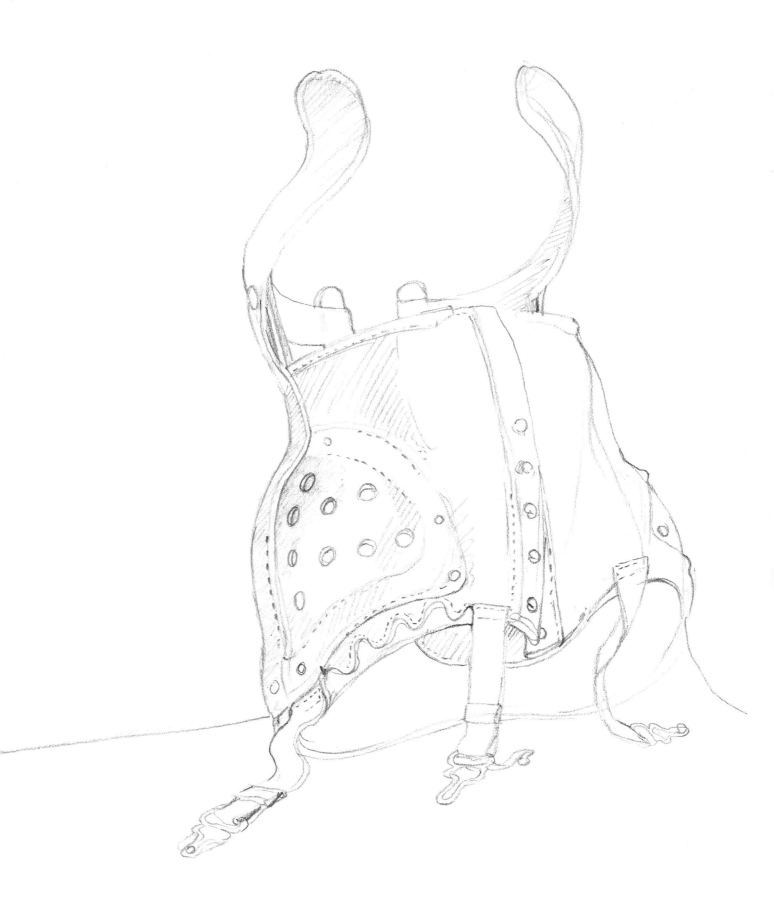

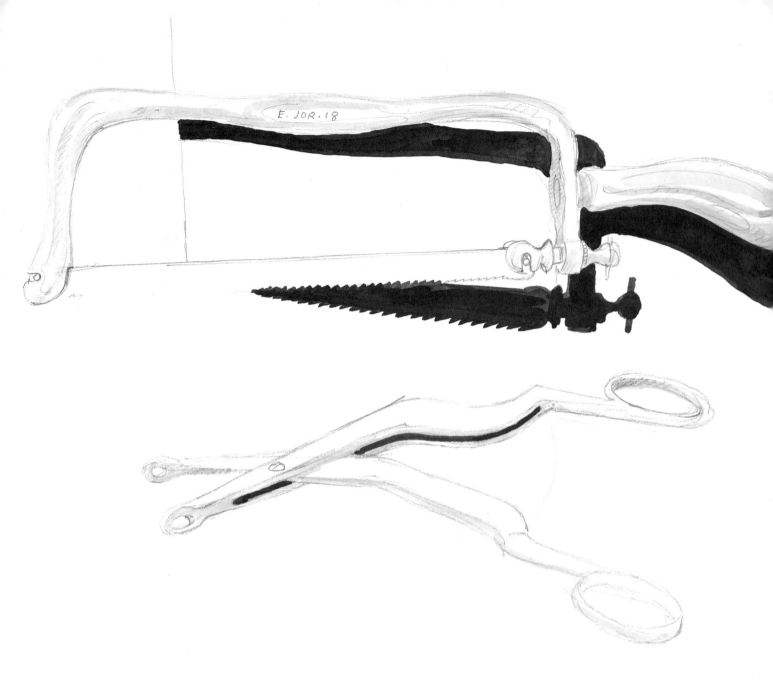

E. JOR. 18

15

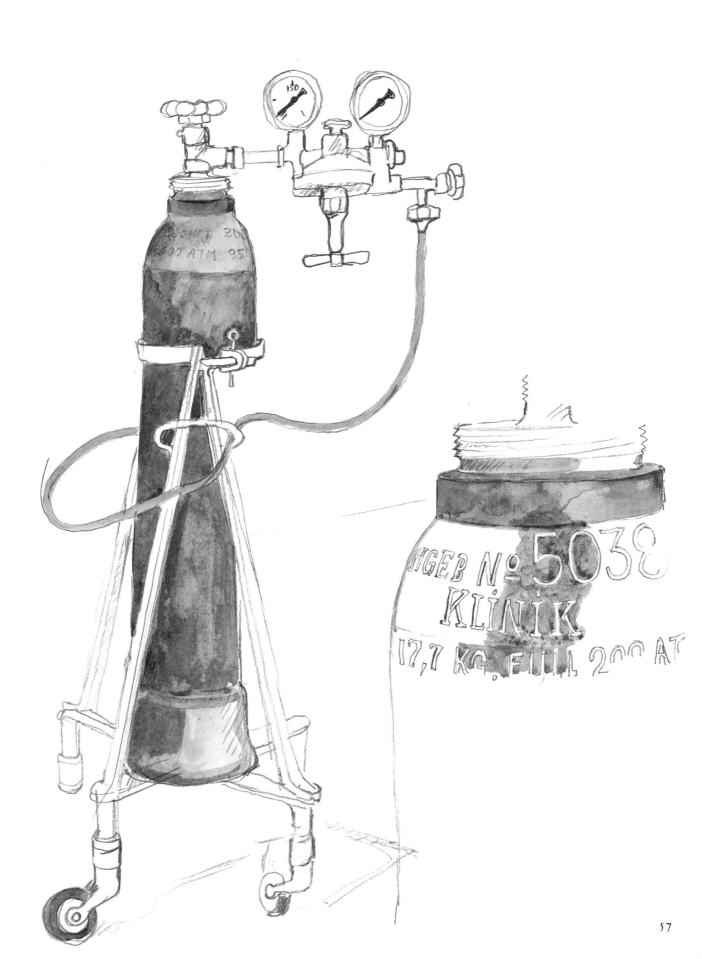

57

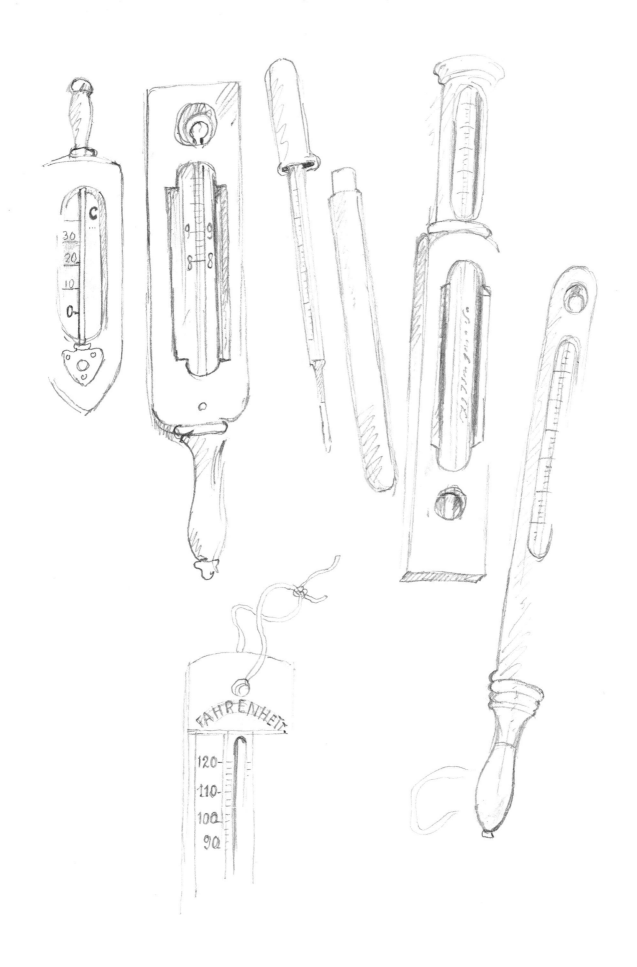

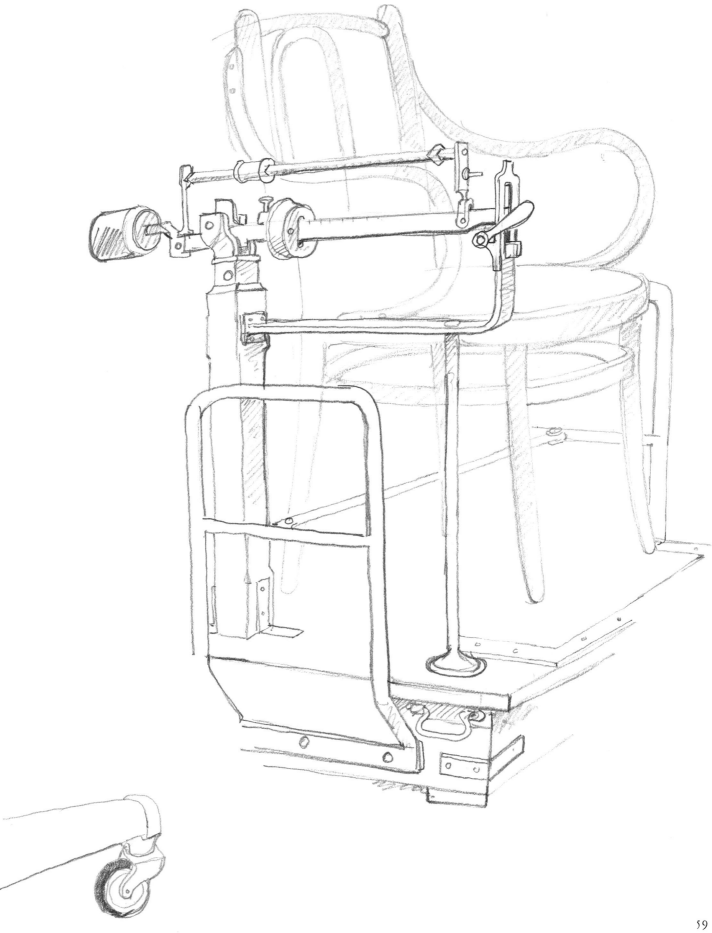

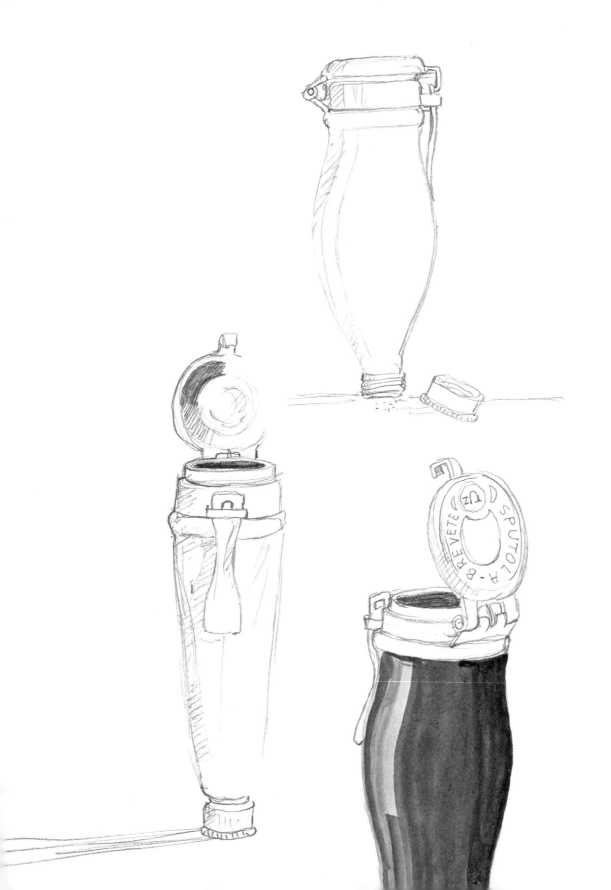

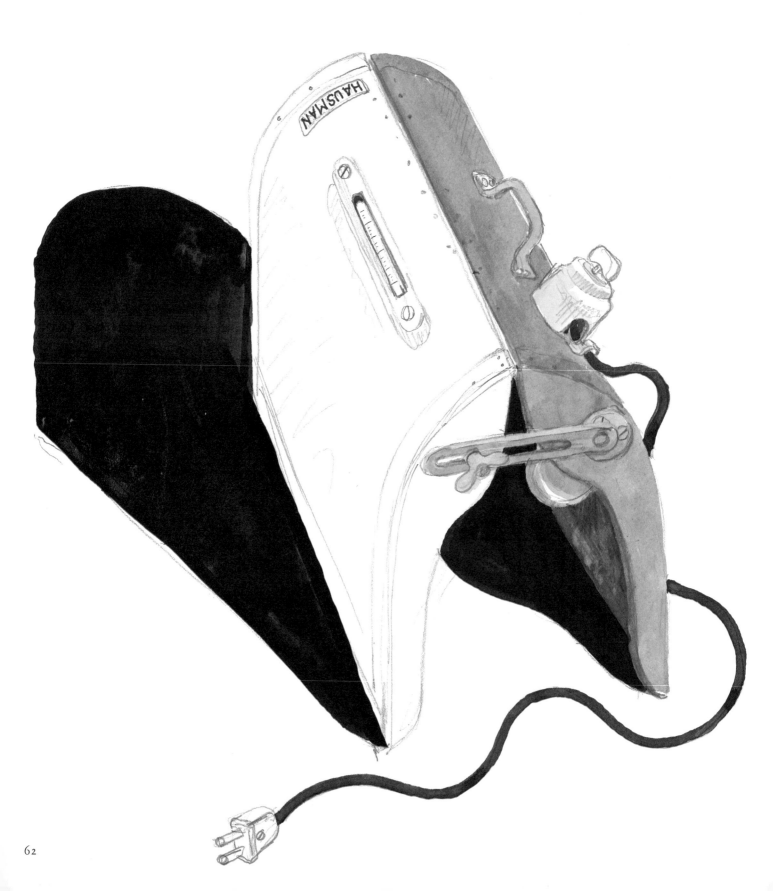

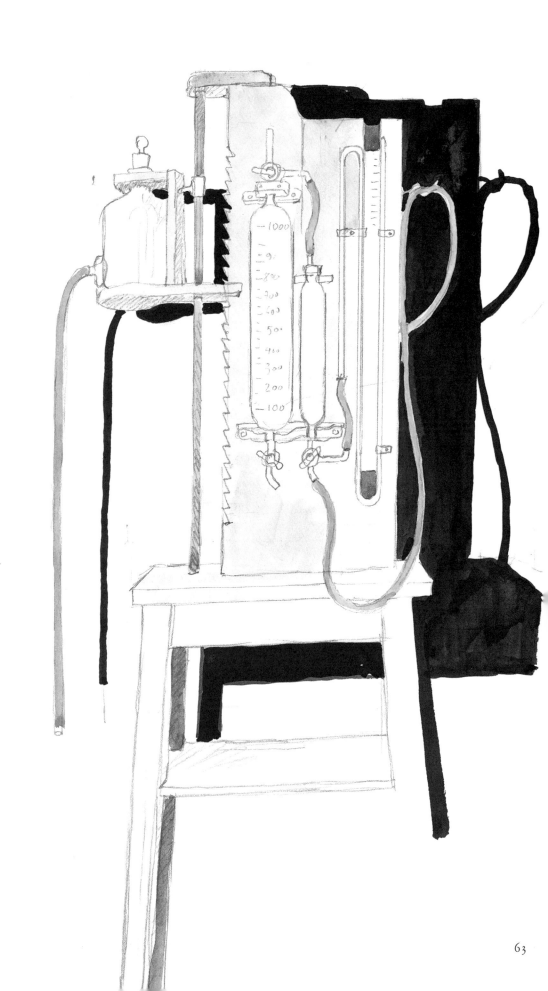

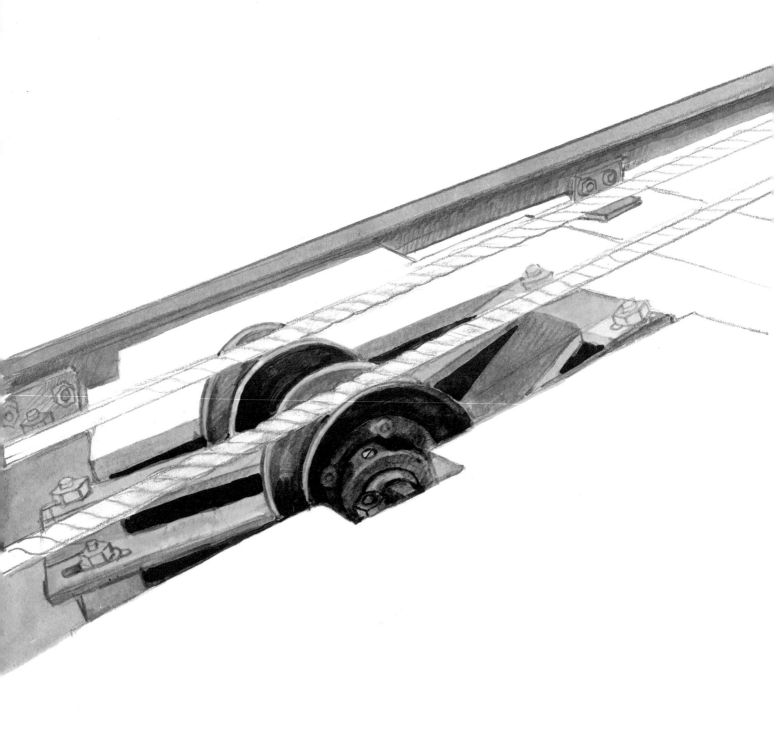

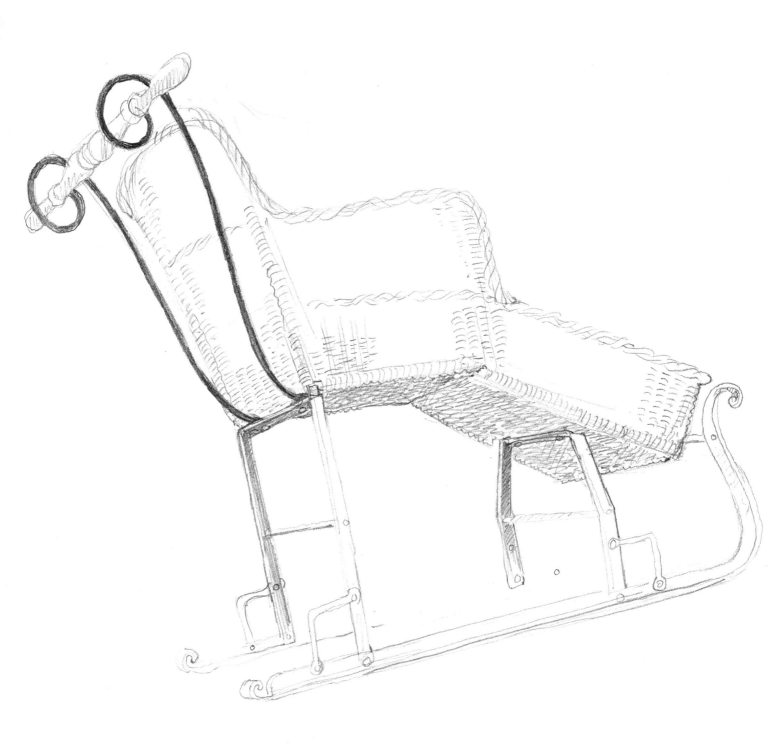

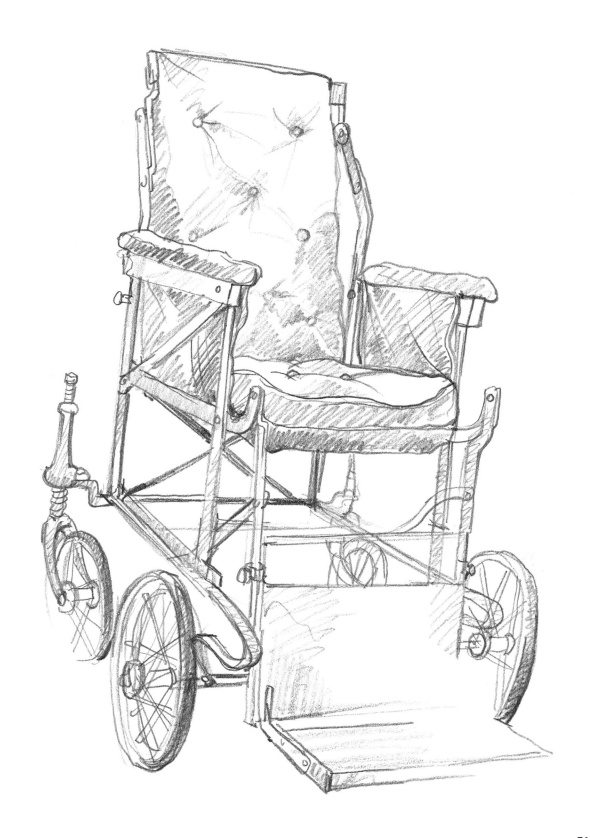

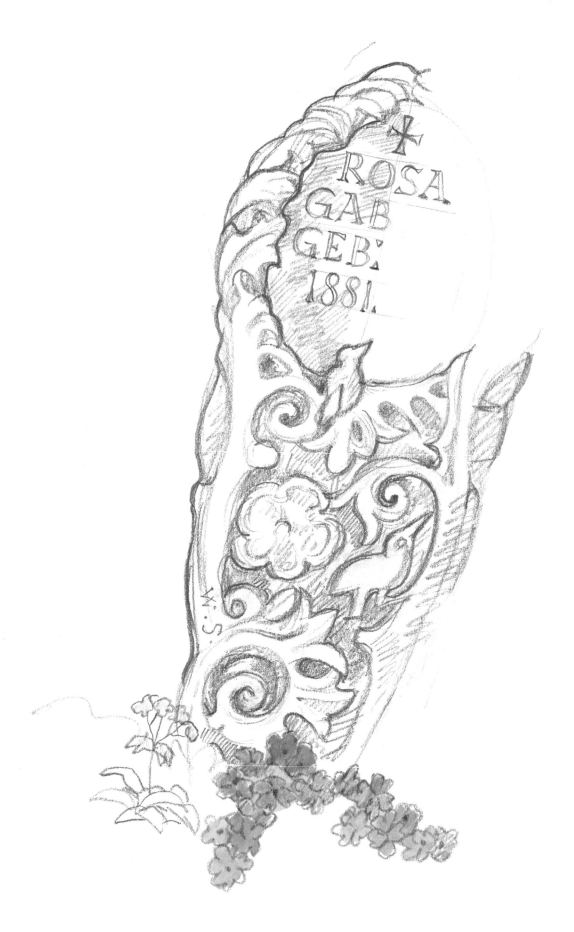

ROSA
GAB
GEB.
1881

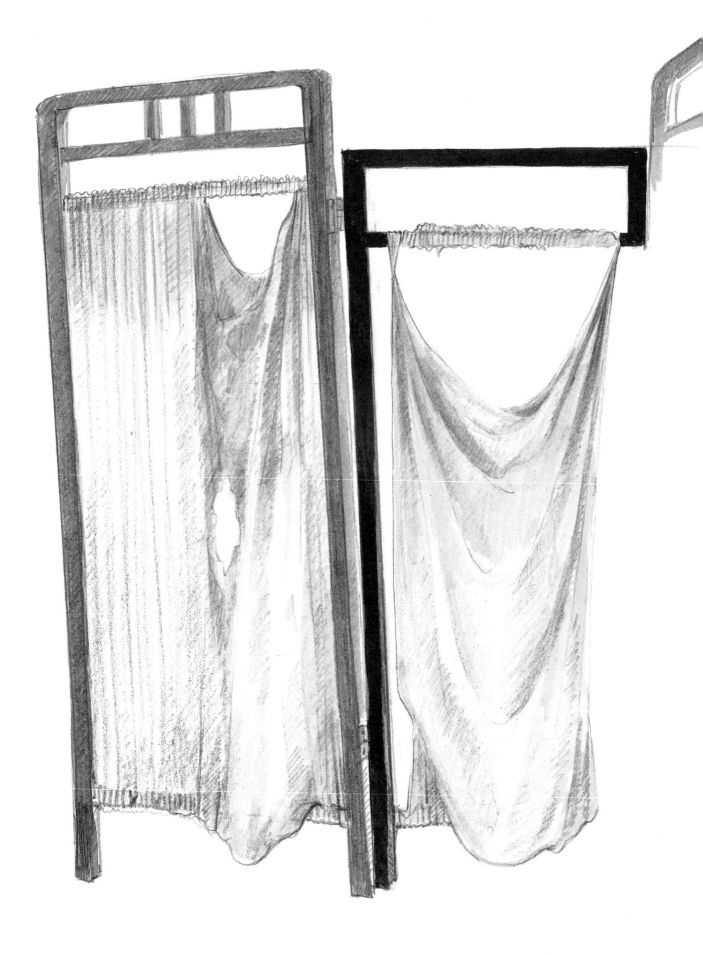

# Nachwort

Die letzten drei Jahre habe ich mit meiner Familie immer
in Davos Skiferien gemacht. Wir wohnen dort im Berghotel
›Schatzalp‹. Das Hotel liegt hoch über der Stadt und ihren wild
verstreuten Konservenkisten. Als ich zum ersten Mal davor
stand, stellte ich verblüfft fest, wie genau es der Beschreibung
des Sanatoriums in Thomas Manns *Zauberberg* entspricht –
ich hatte das Buch gerade wieder gelesen und kam mir
jetzt vor, als würde ich mitten hinein geraten. Wie viele
der älteren Grandhotels war das ›Schatzalp‹ früher einmal ein
Sanatorium. Eine private Zahnradbahn bringt einen den
Berg hinauf in eine Oase des Friedens, der Stille und des
Komforts. Das Hauptgebäude ist ein Prunkstück örtlichen
Jugendstils, und das ist es geblieben, obwohl das Hotel
vollständig modernisiert wurde. Flankiert wird es von zwei
Holzkonstruktionen, die ehemals als Sonnenliegehallen
dienten, jetzt aber nicht mehr benutzt werden – »menacé par
l'oubli«.

Da ich von Natur aus rastlos und neugierig bin, fing ich an,
meine Umgebung zu skizzieren. Möbel, Waschbecken,
Radiatoren, im Keller stieß ich auf eine Fundgrube alter
Kupferpfannen und Wärmflaschen, eine Krypta voller
schlummernder Bidets; in den Sonnenliegehallen auf Berge
von Korbstühlen im Winterschlaf, auf ganze Scharen von
Bett-Klapptischchen. Während ich dieses Inventar
aufzeichnete, trat langsam seine Symbolik zutage: einst
Sanatorium, heute Hotel – ein Wartesaal für Flüchtlinge – ich
überzeichne die Parallelen, die zwischen der Mentalität von
Kranken und der von Feriengästen bestehen, die Analogie
verborgener Ängste, so viel wie möglich aus einer nicht

so genau bestimmten Zeit herauszuholen – aus einer aufgrund ihrer Höhenlage erhabenen Welt, wo der Tod weiß hängen bleibt, einer Welt der Wirklichkeitsflucht. Ich brachte dieses Gefühl von Schnee kontra Amnesie in meine Zeichnungen ein, ließ große Flächen weiß.

Meine Entdeckungsreise führte mich hinunter ins Tal; ich setzte meine Nachforschungen in den noch bestehenden Sanatorien fort, legte eine Liste über das Kapharnaum an Artefakten der Medizin an, die noch immer in den Kellern aufgestapelt liegen, längst vergessen, eingefroren – Pneumothoraxe, chirurgisches Besteck. Ich war wie Ali Baba in seiner Höhle, von morgens früh um acht bis acht Uhr abends. Ich erinnere mich, daß ich einen »Blauen Heinrich« ausleerte (das ist der Spitzname für eine Spuckflasche), und ein bißchen grauer Staub herausrieselte, wie Asche, als hätte ich einen uralten bösen Geist aus seiner Flasche befreit.

Ich habe auch im ›Waldhotel Bellevue‹ gewohnt, wie ursprünglich Thomas Mann. Dort füllte dann Lilo Rusch meine Taschen jeden Morgen mit kleinen Whiskyflaschen (Whiskyflaschen, nicht Spuckflaschen), damit ich mir bei meiner Arbeit »im Untergrund« keinen Schnupfen holen sollte. Dr. Peter Matter vom Spital hat andere alte medizinische Instrumente ausgegraben, und einer seiner Mitarbeiter, Dr. Abdel Cherif, brachte mir Stücke aus seiner eigenen Sammlung...

Es ist verständlich, daß Davos, dessen Einwohner von Sport und Tourismus leben, versucht hat, seine Vergangenheit, seinen Ruf als TB-Weltzentrum auszulöschen.

Man hat mir erzählt, Hotels seien auf Friedhöfen erbaut worden, die immer noch einen lebenden Beweis für die durchreisenden Gäste bildeten, die in diesen Sanatorien gelebt haben und gestorben sind.

Die Juden waren da klüger, sie ließen sich weiter oben in einem kleinen Tal nieder, wo man heute noch ältere Gräber findet, die in alpinem Frieden vor sich hin träumen.

So also ist dieses Buch entstanden – ein Buch über das, was übriggeblieben ist. Mit der Zeit werden diese Überbleibsel zu Symbolen, und ein Rollstuhl, in dem vor achtzig Jahren ein Lungenkranker saß, ist nichts anderes als der Großvater eines Rollstuhls, in dem heute ein Skifahrer mit gebrochenem Bein sitzt.

Mir bleibt zu hoffen, daß die Funde, die ich an so vielen verschiedenen Orten gemacht habe, durch die Großzügigkeit ihrer Besitzer einen Platz finden, wo sie gemeinsam ausgestellt werden können. Viele Stücke stehen heute bereits anderswo in einem Museum; Davos ist seiner Vergangenheit beraubt worden, weil es sie absichtlich ignoriert hat. Was das ›Schatzalp‹ betrifft, so kann ich mich nur bei den beiden Direktoren, Kurt Künzli und Walter Felix, und den Besitzern, Herrn Oscar Miller und besonders seiner Frau Margareth Miller-Lichtenhahn, dafür bedanken, daß sie mich bei meinem Vorhaben unterstützt haben. Auch Dr. Peter Braun vom Sanatorium Clavadell möchte ich für Anregungen danken, sowie Frau Marie Campagnoni, deren Ehemann eine ganze Sammlung medizinischer Geräte zusammengetragen hat.

Ich hoffe, meine Zeichnungen vermitteln keinen falschen Eindruck von diesem Haus, das für mich all das darstellt, was ein Luxushotel sein sollte und sein könnte. Viele seiner Gäste sind Habitués, die jedes Jahr dorthin zurückkehren, was ich hoffentlich auch noch viele Jahre tun werde.

*Tomi Ungerer*

# Tomi Ungerer
# im Diogenes Verlag

## Bilderbücher für Erwachsene

*Ho Ho Hochzeit 1960*
*Weltschmerz 1961*
*Der erfolgreiche Geschäftsmann 1962*
*Basil Ratzki 1967*
*The Underground Sketchbook 1968*
*The Party 1969*
*Diogenes Portfolio 1: Tomi Ungerer 1970*
*Fornicon 1970*
*Kompromisse 1970*
*Der Sexmaniak 1971*
*The Poster Art of Tomi Ungerer 1972*
*Spielmensch 1973*
*Adam & Eva 1974*
*America 1975*
*Freut euch des Lebens 1975*
*Totempole 1976*
*Babylon 1979*
*politrics 1979*
*Das Tomi Ungerer Bilder- und Lesebuch 1981*
*Das Kamasutra der Frösche 1982*
*Symptomatics 1982*
*Rigor Mortis 1983*
*Heute hier, morgen fort 1983*
*Slow Agony 1983*
*Tomi Ungerer's Frauen 1984*
*Warteraum 1985*

## Ein Bilderbuch für alle

*Das große Liederbuch 1975*

## Bilderbücher für Kinder

*Crictor die gute Schlange 1963*
*Die drei Räuber 1963*
*Der Mondmann 1966*
*Warwick und die drei Flaschen 1967*
Geschichte von André Hodeir

*Vieles gibt's, das jederzeit*
*vier Jahre alte Kinder freut 1969*
Verse von H. Manz nach W. Cole

*Zeraldas Riese 1970*
*Der Bauer und der Esel 1971*
Geschichte nach J. P. Hebel
von Jean B. Showalter

*Der Zauberlehrling 1971*
Geschichte nach J. W. Goethe
von Barbara Hazen

*Der Hut 1972*
*Das Biest des Monsieur Racine 1972*
*Papa Schnapp und seine*
*noch-nie-dagewesenen Geschichten 1973*
*Kein Kuß für Mutter 1974*
*Allumette 1974*
*Tomi Ungerers Märchenbuch 1975*
Märchen von Andersen, den
Brüdern Grimm u. a.

*Mr. Mellops baut ein Flugzeug 1978*
*Familie Mellops findet Öl 1978*
*Die Mellops auf Schatzsuche 1978*
*Die Mellops als Höhlenforscher 1978*
*Familie Mellops feiert Weihnachten 1978*
*Das kleine Kinderliederbuch 1979*
*Adelaide das fliegende Känguruh 1980*
*Emil der hilfreiche Krake 1980*
*Rufus die farbige Fledermaus 1980*
*Orlando der brave Geier 1980*
*Der flache Franz 1980*
Geschichte von Jeff Brown

*Kleopatra fährt Schlitten 1982*
Geschichte von André Hodeir

# Kunst
## im Diogenes Verlag

(Eine Auswahl)

**Giorgio Vasari**
*Lebensbeschreibungen der ausgezeichnetsten*
*Künstler der Renaissance*

**Francisco Goya**
*Caprichos*
*Desastres de la Guerra*

**Honoré Daumier**
*Mesdames*
*Messieurs*

**Paul Cézanne**
*Briefe*
*Gespräche*

**Auguste Rodin**
*Die Kunst*

**José Guadalupe Posada**
*Querschnitt durch das Werk*

**Vincent van Gogh**
*Briefe*

**Félix Vallotton**
*Holzschnitte und Gemälde*

**Ambroise Vollard**
*Erinnerungen eines Kunsthändlers*

**Henri Matisse**
*Über Kunst*
*Der Zeichner*

**Aubrey Beardsley**
*Die besten Zeichnungen*
*Lysistrate*

**Pablo Picasso**
*Der Zeichner I–III*

**Giorgio Morandi**
*Querschnitt durch das Werk*

**René Magritte**
*Querschnitt durch das Werk*

**Federico Fellini**
*Fellini's Filme*
*Fellini's Zeichnungen*
*Fellini's Faces*

**Tomi Ungerer**
*Slow Agony*
*Heute hier, morgen fort*
*Tomi Ungerer's Frauen*
*Warteraum*
*u.a.*

**Fernando Botero**
*Gemälde, Aquarelle, Pastelle*

**David Hockney**
*Bilder und Zeichnungen*

**Roland Topor**
*Therapien*
*Tagträume*
*Tragödien*
*Toxicologie*
*Le Grand Macabre*
*Topor, Tod und Teufel*

**Anna Keel**
*Bilder und Zeichnungen*
*Porträtzeichnungen*
*Zeichnungen 1979–1982*

**Paul Flora**
*Nocturnos*
*Vergebliche Worte*
*Die verwurzelten Tiroler*
*und ihre bösen Feinde*
*Die Raben von San Marco*
*Penthouse*

**Gottfried Helnwein**
*Die Katastrophe*

**Roberto Trulli**
*Femme Fatale*

**Friedrich Dürrenmatt**
*Bilder und Zeichnungen*